AF359870

STÉNOGRAPHIE

MUSICALE.

Nota. On trouve, aux adresses ci-contre, du papier réglé exprès pour écrire la sténographie musicale.

IMPRIMERIE DE E. DUVERGER,
rue de Verneuil, n. 4.

STÉNOGRAPHIE

MUSICALE

OU

ART DE SUIVRE L'EXÉCUTION MUSICALE

EN ÉCRIVANT.

Par HIPPOLYTE PRÉVOST,

MEMBRE DE L'ATHÉNÉE DES ARTS DE PARIS, RÉDACTEUR STÉNOGRAPHE
AU MONITEUR.

L'accoutumance aussi nous rend tout familier
Ce qui nous paraissait terrible, singulier,
S'apprivoise avec notre vue,
Quand ce vient à la continue
                        LAFONTAINE

PARIS.

CHEZ Mme PRÉVOST-CROCIUS, ÉDITEUR,
RUE DES FOSSÉS SAINT-GERMAIN-DES-PRÉS, N° 12.
PH. PETIT, MARCHAND DE MUSIQUE, RUE VIVIENNE.
SIMON RICHAULT, MARCHAND DE MUSIQUE
BOULEVARD POISSONNIÈRE, N° 16.

1833

PRÉFACE.

Après avoir terminé, en 1826, une nouvelle Théorie sténographique [1], nous conçûmes le projet d'appliquer à la Musique les moyens graphiques que nous avions employés avec quelque succès pour la représentation abréviative des mots de la langue française. Nous ne tardâmes pas à nous apercevoir que les deux questions étant tout-à-fait différentes, nous ne pouvions pas, dans des moyens identiques, trouver une solution commune. Le problème d'une *Sténographie musicale* semblait bien autrement difficile et compliqué.

Malgré le nombre et l'importance des difficultés que nous avions à vaincre et qui plus d'une fois nous avaient entièrement découragé, nous poursuivîmes nos recherches, et après bien des essais et des tâtonnemens nous trouvâmes et formulâmes un système *qui donne la possibilité d'écrire la musique six ou huit fois plus vite qu'avec l'écriture musicale ordinaire, rapidité suffisante pour suivre*

(1) Troisième édition; chez l'auteur, rue des Fossés-Saint-Germain-des-Prés, n. 12.

1

l'improvisation. Une légère complication dans ces procédés permet de noter presque en même temps que la partie chantante l'harmonie sur laquelle elle repose.

Ainsi, aidé de la *Sténographie musicale*, on peut noter, en une heure, ce qui, d'après les moyens ordinaires, en aurait demandé six à huit.

Cette économie de temps est sans doute bien précieuse et peut, dans une infinité de cas que chacun peut facilement apprécier, rendre de grands services ou être très agréable aux élèves de la *Sténographie musicale*.

Mais l'utilité de cet art nouveau se recommande surtout, et avec beaucoup de force, aux personnes qui s'occupent de la composition.

Que de fois, dans les momens de verve et d'enthousiasme, la vivacité des inspirations du compositeur n'est-elle pas étouffée par cette écriture musicale qu'il est obligé de traîner à la remorque de son ardente imagination ! Que de fois n'a-t-il pas à déplorer de ne pouvoir conserver ce premier jet toujours si précieux, où les idées se présentent dans toute leur fraîcheur et leur originalité ! impression si fugitive qu'il est presque toujours impossible à l'auteur lui-même de la retrouver.

Ce besoin d'une écriture qui puisse, pour ainsi dire, rivaliser de rapidité avec l'inspiration, se fait sentir non-seulement au grand artiste qui applique son génie à la création d'ouvrages religieux ou dramatiques, mais même, jusqu'à un certain point, au modeste amateur qui essaie sa verve dans des compositions plus faciles, dans la romance, dans la valse ou dans la contredanse.

On a déjà essayé de satisfaire à ce besoin ; les journaux annoncèrent, il y a quelques années, l'invention d'une machine à clavier appelée *Instrument Compositeur*, qui, par le moyen d'une répercussion intérieure, devait reproduire sur un papier disposé *ad hoc* tout ce qu'exécutait l'improvisateur. L'imperfection de cet instrument très compliqué et d'un volume supérieur à celui d'un piano, jointe à l'élévation de son prix, est, sans doute, la cause de l'oubli profond dans lequel il est tombé.

La *Sténographie musicale*, pour arriver à peu près à la même fin, n'exige aucun préparatif ; du papier et une plume ou un crayon suffisent pour la pratiquer ; de sorte que l'on peut toujours avoir sur soi le moyen, soit de recueillir au spectacle, ou dans un concert, un morceau entier, ou certaines phrases musicales qui plaisent, soit d'écrire, sans aucun dérangement pour qui que ce soit, dans un salon ou à la promenade, toutes les idées heureuses qui se présentent à l'esprit.

L'idée de l'*Instrument compositeur* est la seule qui ait eu pour but le résultat que nous croyons avoir obtenu. La sténographie musicale n'a donc pas d'histoire, de précédens ; dans les diverses notations nouvelles qui ont été présentées, leurs auteurs n'ont pas même songé à l'utilité d'une écriture musicale sténographique, et, par conséquent, posé la question que nous avons cherché à résoudre. Ainsi nous pouvons entrer immédiatement en matière [1].

(1) En proposant une nouvelle écriture musicale, J. J. Rousseau avait eu, il est vrai, en vue, selon ses propres expressions, *de noter la musique sous un moindre volume* ; mais il n'avait

pas songé à la rendre assez brève pour suivre l'exécution. D'ailleurs tous les musiciens instruits savent que cet homme de génie avait, par sa théorie, principalement pour objet de simplifier l'étude de la musique en y introduisant le raisonnement.

Le général Lasalette, ancien inspecteur d'artillerie, publia (chez Goujon, à Paris) dans l'an XIII—1805, une brochure de 66 pages, sous le titre de *Sténographie musicale, ou Manière abrégée d'écrire la musique à l'usage des compositeurs et des imprimeurs*. Elle se trouve dans la bibliothèque de musique de Porro, rue du Chantre, n° 20.

Pour en donner une idée il suffit de dire que c'est encore une modification des moyens proposés par J. J. Rousseau; ce sont des lettres détachées substituées aux chiffres, des points indiquant les octaves, des signes équivalant aux dièses et aux bémols, mais un peu moins lents que ceux de ces accidens dans l'écriture usuelle, précédant également les notes; les temps de chaque mesure sont exprimés par des traits détachés soit verticaux, soit horizontaux.

Les continuateurs de la méthode du *méloplaste* inventé par feu Galin, donnent également le nom de *Sténographie musicale* à l'écriture abrégée que leur maître a insérée dans sa méthode (1818), comme un moyen accessoire propre à faciliter les premières leçons. Elle consiste dans des chiffres détachés traversés par des traits pour les dièses et les bémols, accompagnés de points au-dessus et au-dessous pour désigner les octaves, et de petites lignes horizontales destinées à rendre sensibles à l'œil comme à l'esprit les divisions et les subdivisions des temps. Cette écriture qui est un perfectionnement de celle de J. J. Rousseau et de celle du général Lasalette, malgré sa simplicité et son utilité réelle pour l'enseignement élémentaire, n'a aucun rapport avec la *Sténographie musicale*. Elle n'est guère moins lente que l'ancienne; nous ne comprenons pas à quel titre elle justifie la dénomination de *Sténographie*. Son auteur a eu bien plutôt en vue l'expression la plus claire des idées méthodiques et rhythmiques que la simplicité d'exécution dans le tracé des signes.

Sous le rapport de la rapidité, la substitution du chiffre ou

de la lettre à la note n'offre en général aucun avantage ; sou
vent même il y a infériorité.

Ainsi les essais de J. J. Rousseau, point de départ et base de
ceux du général Lasalette et de Galin qui, pour le but, n'ont
avec nos travaux qu'un faible point de contact, n'en présentent
aucuns quant aux moyens d'exécution.

Nous nous sommes abstenus, dans cette note, de parler avec
quelque détail de la *Mélo-Tachygraphie* publiée en 1797 par
M. Michel de Woldemar, parce que nous n'avons pu nous pro-
curer une connaissance personnelle de cet ouvrage. Mais d'après
l'analyse que nous avons lue dans le quatrième volume de la
Revue musicale (année 1828), page 270, cette notation paraît
offrir, comparativement à l'écriture usuelle, quelques légers
avantages sous le rapport de la célérité, mais laisser beaucoup
trop à désirer sous celui de l'exactitude. Cependant nous dirons,
avec M. Fétis, *qu'il est singulier que les compositeurs n'aient
pas compris tous les avantages que leur offrait cette notation :*
quelque imparfait que fût cet essai, il était digne par sa nou-
veauté et par quelques mérites réels de fixer plus vivement
l'attention du monde musical. Peut être les préoccupations po
litiques de l'époque où a paru la *Mélo-Tachygraphie* ont-elles
nui à son développement. Avec des travaux plus complets et la
question plus largement envisagée et posée, serons-nous plus
heureux que M. Michel de Woldemar ? nous l'espérons : re
mettons au temps à réaliser ou à détruire nos espérances.

INTRODUCTION.

Avant d'exposer les règles de la méthode, il est important de faire connaître les principales difficultés que nous avions à surmonter, pour mettre ainsi nos lecteurs mieux à même d'apprécier les solutions que nous leur avons données.

Si nous examinons d'abord les ressources que nous présentait l'écriture musicale usuelle, nous voyons qu'elle est diamétralement opposée à nos besoins, que la rapidité du signe y est en raison inverse de la valeur des notes. En effet la ronde, la plus lente des valeurs, est représentée par un signe qui n'exige que deux mouvemens, tandis qu'il en faut neuf pour écrire la triple croche qui est pourtant exécutée trente-deux fois plus rapidement que la ronde. Ainsi, par le renversement pur et simple de ce système de notation, c'est-à-dire en donnant au signe de la triple croche la valeur de la ronde, à celui de la double croche celle de la blanche et ainsi de suite, on diminuerait déjà de moitié la lenteur de l'écriture musicale.

Mais pour arriver à notre but, celui de rivaliser de vitesse avec l'exécution, il ne nous fallait pas seulement écrire deux fois mais six à huit fois plus rapidement qu'avec l'ancien système.

Il est bien entendu que ce défaut de rapidité n'en est un qu'en considérant la question sténographiquement ; ce n'est aussi que sous ce point de vue que nous critiquons les moyens graphiques ordinaires ; car sous tous les autres rapports, ils nous semblent sinon parfaits, du moins supérieurs à toutes les innovations de ce genre qui ont été proposées. D'ailleurs, nous n'avons jamais eu la prétention d'opposer la *sténographie musicale* à l'écriture ordinaire ; nous ne nous dissimulons pas même que, sur certains points, elle offrirait quelque infériorité ; en effet, pour ne pas altérer la simplicité et la rapidité de nos signes, nous négligeons souvent de représenter avec une fidélité scrupuleuse quelques petits détails qui cependant ne sont pas tout-à-fait sans importance.

De même que l'écriture sténographique appliquée à la langue rend, en France, depuis une trentaine d'années, d'assez grands services comme écriture abréviative particulière, sans, pour cela, nuire à l'ancienne représentation des mots de la langue, ni pour l'impression ni pour les morceaux destinés à être communiqués, de même la *sténographie musicale*, nous l'espérons, sera d'une grande utilité pour ceux qui la cultiveront, sans remplacer cependant la notation usuelle qui, outre l'avantage immense d'être universellement adoptée depuis plusieurs siècles, offre, je le répète, pour quelques détails, une supériorité réelle d'exactitude.

Toute écriture quelconque, pour être exécutée, suppose la connaissance préalable de la langue : ainsi la *sténographie* n'est utile qu'aux personnes qui lisent, entendent et comprennent la langue musicale, et elle produit des résultats d'autant plus grands que celui qui l'applique a une capacité musicale plus étendue. Le musicien qui, à l'audition d'un morceau, ne peut pas s'en rendre compte est certainement incapable de le sténographier. L'habileté sténographique sera donc en rapport avec l'habileté musicale. Celui-ci sténographiera un certain nombre de phrases musicales et sera arrêté par une mélodie plus compliquée ;

celui-là, plus exercé, écrira facilement une mélodie quelconque, mais reculera devant l'*harmonie*.

A ce sujet, nous devons dire que nous n'entendons pas, en proposant un système d'écrire l'harmonie, donner les moyens de noter instantanément toutes les parties d'un orchestre ou même une seule partie d'accompagnement. Notre théorie permet seulement, pour me servir d'une expression connue du monde musical, de *plaquer des accords*. C'est là tout ce qu'exigeaient les besoins du compositeur qui jette sur le papier, presque toujours sous cette forme, la première conception de son accompagnement ; ce n'est qu'après coup et, en quelque sorte, à froid, qu'il trace la marche des parties : quelques compositeurs même, en Italie surtout, regardent cette facture comme tellement inférieure qu'ils la confient à des musiciens subalternes à leurs gages.

La sténographie musicale peut servir à écrire toute espèce de musique ; cependant elle se prête plus difficilement à la notation des morceaux de *piano* et de *harpe* à cause des nombreux accords qui s'y succèdent ; la musique écrite pour tous les autres instrumens offrira peu de difficultés ; mais son application est surtout heureuse pour la transcription de la musique vocale.

Certes nous sommes loin de croire avoir à la

fois créé cet art et posé ses dernières limites. Une telle prétention de notre part prouverait une ignorance complète de l'histoire de tous les arts et de toutes les sciences dont les progrès ont été successifs, lents, et en même temps une vanité bien ridicule. Insensé, mille fois insensé celui qui oserait, sur une question quelconque dire à l'humanité : Arrête-toi dans tes recherches, cette solution est complète !.....

Cependant nous avons la conscience et nous ne craignons pas de dire que la *sténographie musicale* présente à son début un ensemble comparativement plus satisfaisant, plus complet que n'offre à l'heure qu'il est la sténographie appliquée à la langue, cultivée chez les Grecs et les Romains, et sur laquelle est tournée environ depuis un demi-siècle l'attention suivie des sociétés savantes en France, en Angleterre et en Allemagne.

Telles sont les principales observations dont nous avons cru devoir faire précéder l'exposition de notre théorie.

CHAPITRE PRÉLIMINAIRE.

La méthode se divise en deux parties distinctes : la première comprend les moyens d'écrire la mélodie ; la seconde est consacrée à la représentation abréviative de l'harmonie. On a conservé la portée, quoiqu'on eût pu facilement ne pas l'employer, comme on l'indiquera plus tard ; mais la portée étant familière à tous les musiciens, il a semblé que l'adoption de cette base faciliterait l'étude de ce nouvel art, et surtout engagerait à s'y livrer.

Dans l'écriture musicale usuelle, on est obligé de tracer, avant ou après avoir écrit la note, les lignes nécessaires pour parcourir les octaves supérieures et inférieures aux cinq lignes de la portée. Cette perte de temps devait être évitée ; nous l'avons fait en ajoutant deux lignes extensives au-delà de la portée , au dessus et au-dessous. Cette étendue de portée nous donne à peu près deux octaves et demie. L'on verra plus tard qu'avec les moyens que nous avons d'indiquer les redoublemens d'octaves tant supérieurs qu'inférieurs un pareil diapazon est tout-à-fait suffisant.

CHAPITRE PREMIER.

MÉLODIE.

Notes. — Signes absolus[1].

Chaque note, suivant sa valeur, a un signe qui lui est propre. Ce signe est rationnel, c'est-à-dire que la rapidité de son exécution est en

[1] Nous leur avons donné ce nom par opposition aux *signes relatifs* compris dans le ch. III.

rapport direct avec celle de la valeur de la note représentée.

Ainsi la ronde sera figurée par la partie supérieure du demi-cercle coupé par une ligne horizontale.

La blanche, par la partie inférieure de ce même demi-cercle.

Les quatre autres valeurs, c'est-à-dire la noire, la croche, la double et la triple croche, seront représentées par la ligne droite, tracée de haut en bas, dans la direction la plus commode pour celui qui écrit.

Ce signe devra parcourir trois intervalles de la portée, pour la noire ;

Deux pour la croche ;

Une pour la double croche ;

Une demie pour la triple croche. (*Ex.* 1er. pl. 1.)

Jusqu'ici chacune de ces notes sténographiques doit être détachée.

Malgré cet inconvénient qui disparaîtra dans le chapitre 3, la substitution de ces notes nouvelles à celles de l'écriture usuelle produirait une très grande rapidité.

En effet la ronde sténographique exige

```
                          1 mouvement, tandis
                          que celle de l'é-
                          criture usuelle en
                          exige........  2
La blanche.......... 1 au lieu de.....  3
La noire............ 1 au lieu de.....  3 [1]
La croche.......... 1 au lieu de.,...  5
La double croche..... 1 au lieu de.....  7
La triple croche...... 1 au lieu de.....  9
                                         ——
        Total..  6 ............  29
```

Il résulterait de l'addition des mouvemens exigés dans les deux systèmes que celui exposé dans ce chapitre serait cinq fois plus rapide que l'ancien. Cependant à cause de la possibilité que l'on a, dans l'écriture usuelle, de réunir plusieurs croches, doubles croches, triples croches, par un seul trait de plume, et par conséquent de diminuer par-là l'infériorité relative de l'écriture usuelle, la moyenne que nous avons obtenue après plusieurs comparaisons ne nous a présenté qu'une exécution trois fois à trois fois et demie plus prompte.

(1) Souvent la portion noire de la tête de la *noire* ne réussit pas en trois mouvemens; l'on est obligé de prendre deux *temps* pour aller la remplir d'encre. Cette remarque s'applique également à la croche, à la double croche et à la triple croche.

CHAPITRE II.

Position des notes sur la portée.

Les caractères qui viennent d'être indiqués se placeront sur la portée pour indiquer la note. Le commencement et la fin, c'est-à-dire les deux extrémités du signe des rondes et de celui des blanches, et le commencement seulement des signes des noires, des croches, des doubles croches et des triples croches, porteront sur la ligne qu'il faudra couper.

Pour les notes qui, comme *mi, sol, si, ré, fa,* s'écrivent sur la ligne, le signe sténographique devra commencer à la ligne même. Quant aux notes qui sont entre les lignes, comme *fa, la, ut, mi,* le signe commencera dans l'interligne.

Il sera nécessaire de se servir d'un papier de musique assez largement interligné pour pouvoir hardiment attaquer les signes interlinéaires. (*Exemp.* 2.)

CHAPITRE III.

Signes de relation. — Moyens de liaison.

Les moyens développés dans les deux chapitres précédens offrent, comme on vient de l'établir, une écriture musicale trois à quatre fois plus rapide que l'écriture ordinaire ; mais cette rapidité n'était pas suffisante pour rivaliser avec celle de l'exécution.

Pour arriver à doubler les résultats déjà obtenus, il fallait lier entre eux tous les signes qui jusqu'ici étaient détachés. Cette liaison était facile, s'il n'eût fallu que faire un trait semblable aux *déliés* de l'écriture, pour passer de la fin d'une note au commencement de celle qui la suit ; mais c'était là tourner la difficulté et non pas en donner une solution satisfaisante ; ce genre de liaison n'offrait en effet aucun avantage ; car perdre *un temps* en levant la plume pour aller d'un caractère à un autre, ou employer ce *temps* en faisant le trait inutile ou *délié*, c'est absolument la même chose.

Ainsi le système exposé dans les deux premiers chapitres, qui consiste à donner à chaque caractère une signification *absolue* suivant sa position sur la portée, ne permettait pas une liaison *réelle*, c'est-à-dire sans la perte d'un *temps* entre chaque note.

Pour éviter cet inconvénient, il a fallu entrer dans un ordre d'idées tout-à-fait différent, celui des intervalles, familier d'ailleurs aux musiciens même les moins avancés.

La mélodie procède par toute espèce d'intervalles; il en est cependant qu'elle emploie plus fréquemment; ce sont les quatre premiers, c'est-à-dire la *seconde*, la *tierce*, la *quarte* et la *quinte*.

Quatre caractères que nous appellerons *signes de relation* nous serviront à écrire ces intervalles.

La seconde sera représentée par une ligne droite dans la direction la plus commode; elle sera tracée de haut en bas pour la seconde descendante, et de bas en haut pour la seconde montante [1].

____

(1) On conçoit que lorsque plusieurs secondes montantes ou descendantes se suivent, il faut donner aux lignes droites

La tierce, par un cercle coupé par une horizontale ; le demi-cercle inférieur indiquera la tierce descendante et le demi-cercle supérieur la tierce ascendante [1].

La partie gauche du cercle coupé par une verticale nous servira pour écrire la quarte.

Ce demi-cercle se tracera de haut en bas pour la quarte descendante, et de bas en haut pour la quarte montante.

L'autre partie, c'est-à-dire la partie droite de ce même cercle, figurera la quinte.

Comme l'autre demi-cercle, il se tracera de haut en bas pour la quinte inférieure, et de bas en haut pour la quinte supérieure [2].

ascendantes ou descendantes des directions variées pour les distinguer les unes des autres, comme on le remarque dans les morceaux sténographiés (pl. 2).

(1) Ces signes, ne se rencontrant jamais au commencement d'une mesure, ne peuvent pas être confondus avec les *signes absolus* des rondes et blanches, lesquels, au contraire, ne peuvent être employés qu'au commencement.

(2) Par le moyen du renversement on aurait pu se passer de signe de la quinte, comme on le verra dans la suite de ce chapitre, puisque cet intervalle est produit par la quarte renversée. Nous avons cru cependant devoir ajouter ce signe, pour que tous les intervalles mélodiques fréquens fussent exprimés par des signes liés et sans levée de plume.

C'est ici qu'il convient de faire connaître un autre *signe de relation* d'une grande importance : c'est celui de l'unisson. Il sera représenté par une ligne horizontale. Si la même note se reproduit plusieurs fois de suite, on emploiera cette ligne horizontale pour chaque répétition de note. On aura seulement le soin de distinguer ces mêmes notes les unes des autres par une *boucle supérieure*.

Le signe d'unisson précédé d'un crochet montant devient le signe de l'octave supérieure ; précédé d'un crochet descendant, il représente l'octave inférieure.

Comme pour la commodité de la lecture il importe que chaque mesure puisse être écrite en entier par des signes liés de manière à ne former qu'un seul monogramme, les intervalles dépassant la quinte seront représentés par les signes de leurs renversemens auxquels on ajoutera un *point* pour indiquer que la note doit être montée ou descendue d'une octave. Le point au-dessus indique l'octave supérieure, et le point au-dessous l'octave inférieure.

Ainsi, si l'on a à écrire *ut* et *la* montant, c'est-à-dire un intervalle de sixte ascendante, on posera le signe d'*ut* et on y joindra celui de tierce descendante pointé au-dessus.

Si au contraire l'on veut représenter *ut* suivi de *mi* descendant, c'est-à dire une sixte descendante, on écrira le signe d'*ut*, auquel on ajoutera celui de tierce ascendante pointé au-dessous.

La même règle s'appliquera aux septièmes.

Ce point, que nous appellerons *point-octave*, servira aussi à redoubler les intervalles.

Une dixième ascendante sera représentée par une tierce pointée au-dessus, et une dixième descendante par une tierce pointée au-dessous.

S'il était nécessaire de traverser deux octaves ou ascendantes ou descendantes, l'on serait logiquement amené à employer deux points placés l'un sur l'autre. Pour éviter les deux levées de plume que ce signe occasionnerait, ces deux points ont été réunis en un petit trait vertical, que l'on placera également dessus ou dessous, selon que l'on voudra monter ou descendre une note de deux octaves.

La dix-septième ascendante sera donc écrite par le signe de tierce supérieure modifié par ce petit trait placé au-dessus, et la dix-septième descendante par le signe de tierce inférieure avec ce petit trait au-dessous. (*Exemp.* 5.)

Règle. Tous les *signes relatifs* devront, suivant

leur valeur, avoir les dimensions indiquées dans
le chapitre premier.

Il résulte de ce chapitre que tous les intervalles
pouvant être écrits d'une manière liée par les
signes relatifs simples ou pointés, il n'y a plus
que la première note de chaque mesure qui exige
pour sa représentation l'emploi des *signes absolus*
du premier chapitre et pour laquelle on ait besoin
de la portée.

CHAPITRE IV.

Des accidens.

Nous n'admettons que deux accidens, le dièse
et le bémol. Une boucle placée à la naissance de
la note sert à indiquer qu'elle est affectée d'un
accident. Cette boucle sera petite pour le dièse,
elle sera grande pour le bémol. Au commencement d'une mesure, cette boucle se met à droite,
et au milieu de la mesure, du côté le plus commode pour la liaison.

Dans l'écriture musicale usuelle, dès qu'une note est une fois diésée ou bémolisée dans une mesure, il est inutile de l'affecter d'un nouveau signe pour indiquer qu'elle continue à être ou diésée ou bémolisée ; le bécarre seul peut la remettre dans son ton naturel. Dans notre écriture, au contraire, la boucle devra toujours précéder la note accidentée, la même note eût-elle déjà plusieurs fois été bouclée dans la mesure. Le bécarre nous est donc inutile, puisque l'absence de la boucle indique suffisamment qu'une note reprend son ton naturel, c'est-à-dire le ton indiqué à la clef au commencement du morceau.

Quand le bécarre précède une note accidentée à la clé, il la baisse si la note y était diésée, et il la hausse si elle y était bémolisée. Le dièse nous servira dans le premier cas et le bémol dans le second.

Cependant ces deux signes sont insuffisans pour exprimer exactement, par exemple en *mi* bémol majeur, un *la* dièse. L'on écrira alors le signe de *si* bémol. Dans ces cas assez rares la *sténographie musicale* se trouve dans la position des instrumens à clavier et de beaucoup d'autres qui n'emploient entre chaque ton qu'un seul son intermédiaire qui sert également de dièse à celui qui le précède et de bémol à celui qui le suit. Ainsi cette légère inexactitude ne peut pas être opposée avec plus de fondement à la *sténographie* qu'aux instrumens que nous avons cités ; et tant qu'elle n'en motivera pas la réforme, nous pourrons nous passer d'un signe bécarre.

NOTA. Lorsqu'après une ligne horizontale (unisson) il y a à ajouter la même note, mais accidentée, on met la boucle au-dessous de la ligne horizontale, afin de ne pas confondre la boucle-accident avec la boucle qui sépare plusieurs mêmes notes, laquelle se place toujours au-dessus. On pourra également se servir de la boucle supérieure pour bien distinguer l'unisson, lorsqu'il est précédé d'un signe de quarte ou de quinte. Il faudra, dans ces cas, pour éviter toute confusion, placer toujours les boucles-accidens au-dessous. (*Ex.* 4.)

CHAPITRE V.

De la liaison.

La liaison sera indiquée par l'adoucissement des angles qui séparent les caractères les uns des autres.

Elle sera incommode dans certains cas. Cette difficulté de détail ne peut pas donner lieu à une forte objection contre l'ensemble du système, si d'ailleurs il satisfait aux conditions nécessaires de rapidité et de clarté.

Lorsqu'une blanche ne commencera pas la mesure et que son signe *absolu* ne pourra la représenter, on l'exprimera par un signe d'une plus grande dimension que celui de la noire. Cependant, comme cette distinction, basée sur une plus ou moins grande longueur, n'est pas quelquefois très facile à saisir, l'on pourra alors écrire cette blanche par un signe de noire suivi du signe d'unisson de même longueur, en ayant soin d'adoucir l'angle de séparation pour indiquer la liaison de ces deux notes. (*Ex.* 5.)

CHAPITRE VI.

Du point.

Le point signifie en musique que la note à la suite de laquelle se trouve ce signe est augmentée de la moitié de sa valeur. Cette augmentation de valeur sera indiquée par l'augmentation du signe, c'est-à-dire par le renforcement du caractère de la note pointée. Si le renforcement n'est pas bien marqué, ce qui arrive quelquefois, on peut facilement réparer cet accident en ajoutant le signe d'unisson de moitié valeur à la note qui précède. On liera ces deux notes, en d'autres termes l'on adoucira l'angle de séparation.

Une note est quelquefois prolongée d'un quart de sa valeur par le moyen de sa liaison à une note unisson. Ce sera encore ici le cas de se servir du signe unisson à angle adouci, en donnant à ce signe, par sa dimension, la longueur de la note ajoutée.

S'il est nécessaire de donner à un signe horizontal (unisson) une prolongation de valeur, on

le fera en séparant la note ajoutée horizontale-
ment par une *grosse boucle supérieure.*

Ainsi la petite boucle supérieure qui sépare
un unisson d'un autre unisson signifie l'addition
détachée d'une même note, et la grande boucle
indique l'addition liée. (*Ex.* 6.)

CHAPITRE VII.

Des silences.

Pour ne pas séparer les signes d'une même
mesure, les silences seront figurés par des traits
coupant la note après laquelle ils se trouvent.

Deux petits demi-cercles serviront pour la
pause et la demi-pause. Celui qui représentera
la pause aura toujours sa concavité tournée vers
le côté de la fin du signe sur lequel il sera placé ;
le demi-cercle de la demi-pause sera dans une
position contraire.

Ce seront des lignes droites sécantes qui expri-

meront le soupir, le demi-soupir, le quart de soupir et le demi-quart de soupir. La longueur de
ces lignes sera en rapport de longueur avec la dimension des valeurs leur correspondant.

Ces signes sont susceptibles d'être renforcés
pour indiquer qu'ils valent moitié en sus.

On pourra détacher le signe de la pause; on
le placera alors sur la ligne médiale de la portée.
Pour exprimer un silence de plusieurs mesures,
on fera autant de pauses sténographiques qu'il
y aura de mesures à représenter. Pour rendre
ces signes plus rapides, on les liera.

Si le nombre des mesures à compter est con-
sidérable, on pourra sans inconvénient se servir
des chiffres usuels.

Quand le silence devra être placé au commencement ou à la fin d'une mesure, on le représentera par une boucle. Pour ne pas confondre,
au commencement de la mesure, cette boucle
avec la boucle-accident, on la placera toujours
à gauche.

Cette boucle n'aura que deux dimensions; elle
sera grande s'il s'agit de marquer une demi-pause
ou un soupir, et petite pour tous les autres silences
de moindre valeur. La valeur des notes composant
la mesure déterminera d'ailleurs suffisamment
celle du silence. En effet, dans une mesure à

quatre temps, supposons qu'il y ait une grande boucle et trois noires, il est évident que la boucle est ici pour un soupir ; si dans une mesure de même nature il y a une boucle et sept signes de croches, il n'y a aucun doute que la boucle ne compte pour un demi-soupir.

Lorsque la première note qui suit le silence est accidentée, on suppléera à cette boucle, au commencement de la mesure, par un point placé à côté de cette note pour la demi-pause et le soupir, et au-dessous pour les silences de moindre valeur. Il eût été, en effet, assez difficile de faire nettement les deux boucles, quoique, comme on le verra dans l'exemple, ce ne fût pas absolument impossible. (*Ex.* 7.)

CHAPITRE VIII.

Notes d'agrément, trille et cadence.

Les petites notes ou *appogiatures* sont des notes qui se lient aux notes réelles dont elles modifient la valeur.

« Les anciens compositeurs les écrivaient tou-
« jours en petites notes, parce qu'elles sont
« étrangères aux accords ou à l'harmonie; les
« modernes les écrivent souvent en notes ordi-
« naires pour être plus sûrs qu'on les exécute
« comme ils le désirent. »

Cette observation tirée des excellens tableaux
synoptiques de M. G. Kuhn, professeur au con-
servatoire et l'un de nos méthodistes les plus sa-
vans, résout la difficulté. Nous écrivons les *appogiatures simples et doubles* en notes ordinaires,
en faisant subir aux valeurs des notes réelles les
diminutions indiquées par la mesure et nécessaires pour écrire les petites notes.

Le signe de la note sur laquelle se trouvera un
trille où une cadence sera légèrement ondulé.
(*Ex.* 8.)

CHAPITRE IX.

De la mesure.

D'après ce que nous avons exposé, il est facile

de comprendre qu'un signe parasite pour marquer la séparation des mesures, ne nous était
d'aucune utilité, puisque, établissant en principe
que nous n'écrirons jamais par monogramme que
la valeur d'une seule mesure, il est évident que
chaque mesure commence par le premier signe
du monogramme et finit avec le dernier.

Si la dernière note d'une mesure est liée avec
la première note de la mesure suivante, l'on peut
réunir deux mesures en un seul monogramme.

Cependant si l'on veut, pour plus de clarté,
maintenir le principe fondamental de séparation
par mesure, l'on peut indiquer cette espèce de
liaison en donnant au premier signe de la seconde
mesure une direction convenue; par exemple,
celle de gauche à droite, qui est généralement
moins commode et que, par conséquent, l'on
n'aurait pas employée sans cette raison.

Un crochet à la fin de la dernière note de la
première mesure ou au commencement de la
première note de la seconde mesure, pourrait
également marquer cette liaison.

L'application de ce dernier moyen est même
nécessaire lorsque la première note de la seconde mesure est une ronde ou une blanche.

Ex. 9.)

CHAPITRE X.

De la clé, du ton et de la mesure.

Les signes des clés, généralement assez brefs, sont conservés. Le ton sera marqué par une ligne droite à côté de la clé. Cette ligne se placera sur la partie de la portée correspondant à la note du ton. Cette ligne aura deux dimensions; la grande désignera les tons majeurs et la petite les mineurs. Lorsque la note du ton majeur ou mineur est accidentée, on lui applique les boucles-accidens.

La mesure sera désignée par les chiffres de l'écriture usuelle; on pourra dans les mesures à $\frac{6}{8}$ et à $\frac{12}{8}$ n'écrire que 6 et 12 (*Ex.* 10.)

CHAPITRE XI.

De l'indication des mouvemens.

Il est utile au commencement de chaque morceau d'en marquer le mouvement. Pour écrire ces indications avec beaucoup de rapidité, la sténographie usuelle serait d'un grand secours ; les personnes qui ne possèdent pas la connaissance de cet art se serviront des abréviations usitées.

Quant aux signes qui se trouvent dans le courant des morceaux, qui désignent l'expression, le caractère d'une phrase musicale, par exemple, les *forte*, les *piano*, les *rinforcendo*, les *smorzando*, etc., leur représentation devenant une complication pour toutes les personnes non sténographes, nous conseillons de n'en tenir aucun compte. D'ailleurs plusieurs grands compositeurs les ont jugés tellement inutiles qu'ils ne les ont pas écrits dans leur musique, laissant à chacun le soin de nuancer suivant sa manière de sentir.

CHAPITRE XII.

Moyens abréviatifs.

L'on éprouvera bientôt le besoin de se créer des signes abréviatifs pour quelques phrases ou

certains membres de phrases qui sont suffisamment indiqués par ce qui précède et par ce qui suit
pour que l'on puisse les supprimer sans crainte de
ne pouvoir les rétablir. Ce besoin n'existe pas au
même degré chez tous les individus. La hardiesse
des suppressions par abréviation dépend de la
plus ou moins grande intelligence musicale du sténographe. Aussi nous nous contenterons d'indiquer cette nécessité, et nous laisserons à chaque
musicien à se créer quelques moyens abréviatifs
particuliers. Comme les signes d'abréviations sont
toujours arbitraires, qu'ils ne sont pas déduits des
principes et des signes déjà connus, ceux que
nous aurions pu proposer auraient peut-être
causé plus de difficulté à retenir que ceux que
chacun fera soi-même, et ils eussent sans doute
moins heureusement satisfait aux besoins qui
varient, en quelque sorte, avec chaque indi-
vidu.

Nous nous bornerons à présenter deux signes
abréviatifs. Le premier nous servira à exprimer
une gamme, c'est-à-dire la progression directe
ascendante ou descendante de plusieurs notes de
même valeur. C'est une ligne légèrement arquée.
La courbure supérieure représentera la gamme
montante, la courbure inférieure la gamme descendante. On conduit ce signe jusqu'à la portion

de la portée que désigne la note qui termine la gamme. Quand cette note finale de la série se trouve au commencement de la mesure qui suit, on abandonne la queue du signe et en traduisant, on continue la progression montante ou descendante jusqu'à la note qui commence la mesure suivante.

La gamme chromatique composée de note de *même valeur*, sera exprimée par les mêmes signes bouclés à leur naissance.

Le second signe est un petit trait horizontal détaché dessus ou dessous à volonté. Il indique la succession *de plusieurs mêmes notes de même valeur* (*Ex.* 11.)

Nous ne pensons pas que l'on doive faire usage de ces signes abréviatifs pour une succession ou une progression moindre de cinq notes.

....

RÉSUMÉ DE LA PREMIÈRE PARTIE [1].

Avant d'aborder le système relatif à l'harmonie,

[1] Il ne serait peut-être pas sans importance, après la lecture de ce résumé, de revenir sur chacun des chapitres de la première partie.

nous avons cru devoir présenter en résumé les principes sur lesquels repose la première partie.

Après avoir indiqué dans notre chapitre des *signes absolus* une notation déjà beaucoup plus rapide que l'écriture musicale usuelle, nous avons fait remarquer que cette rapidité était cependant loin de nous satisfaire, et qu'il fallait emprunter à un ordre d'idées différent un système qui permît la liaison *réelle* des caractères. Celui que nous avons adopté, le système des intervalles, nous a paru plus rationnel, plus philosophique : la musique n'est pas la science des *do*, des *ré*, des *mi*, etc., mais la science des intervalles des sons; le nom des notes n'est qu'un moyen d'avoir un diapason commun, une langue musicale générale. Nous avons cependant conservé pour la première note de chaque mesure, le système des *signes absolus*. Cette note initiale devient le premier terme de relation d'où se déduisent tous les autres.

Ce qui nous paraissait le plus important, c'était de réunir chaque mesure en un seul monogramme. La lisibilité était à ce prix. Nous avons obtenu ce résultat; il n'est pas une combinaison possible qui puisse contrarier la liaison de toutes les notes d'une mesure; car nous conseillons de n'écrire les signes détachés , tels que les points-octaves et les silences, qu'après avoir fini le monogramme : il y a économie d'un mouvement.

Par les signes relatifs dont la liaison est commode, nous avions résolu la principale difficulté de la question ; il ne restait plus que quelques détails de peu d'importance. Comme nous l'avons déjà dit, nous n'avons pas la prétention d'opposer la *sténographie musicale* à la notation universellement adoptée, nous l'offrons seulement comme une écriture dont la rapidité peut dans certains cas avoir quelques applications utiles ou agréables. Si dans les détails nous n'obtenons pas une représentation aussi rigoureuse et aussi distincte que celle de l'écriture musicale usuelle, cela ne peut pas être une fin de non-recevoir contre le système. Combien loin de cette exactitude est la sténographie appliquée à la langue ! et cependant un peu d'habitude et d'intelligence suffisent pour retrouver textuellement dans ses notes le discours recueilli au moyen de cet art.

Le soin que nous avons mis dans le choix des signes des parties secondaires et la méthode que nous avons tâché d'y introduire, nous font espérer que nos efforts seront appréciés surtout par les personnes qui comprendront toutes les difficultés que nous présentait cette portion de notre tâche.

L'harmonie étant basée sur des moyens entièrement distincts de ceux que nous avons déjà présentés, nous conseillons de ne l'aborder que lorsque la première partie n'offrira plus aucune difficulté non-seulement sous le rapport théorique, mais même jusqu'à un certain point, sous celui de la pratique.

DEUXIÈME PARTIE.

CHAPITRE UNIQUE.

Harmonie.

L'harmonie se compose d'une succession d'accords; les accords, d'un certain nombre de notes exécutées simultanément. De même que dans l'écriture musicale usuelle on se sert des notes ordinaires pour représenter les accords, de même dans la *sténographie musicale*, des signes nouveaux représentant les notes nous serviront à écrire des accords.

Sept signes correspondent aux sept notes de

la gamme; ils se lient entre eux; les *boucles-accidens* seront également applicables à ces nouveaux caractères.

Ut ou *do* est représenté par un demi-cercle vertical tracé de haut en bas.

Ré par une ligne droite verticale du haut en bas.

Mi par un demi-cercle horizontal (au-dessus du diamètre) de gauche à droite.

Fa par une ligne droite oblique de bas en haut.

Sol par un demi cercle horizontal (au-dessous du diamètre) de gauche à droite.

La par une ligne droite horizontale de gauche à droite.

Si par une ligne droite oblique de haut en bas.

Les boucles-accidens de notes harmoniques se placent aussi de la manière la plus commode à la liaison.

Dans la représentation d'un accord, on commencera par écrire la note la plus grave, et l'on ira successivement jusqu'à la plus aiguë. S'il en était besoin, on pourrait employer les points octaves indiqués dans la première partie pour désigner des intervalles plus étendus.

Nous avons présenté un petit tableau comprenant tous les accords parfaits. (*Pl.* II.)

Le monogramme harmonique s'écrit au-dessus

ou au-dessous de la partie mélodique, suivant la commodité. On tracera les signes harmoniques après avoir écrit la mélodie, et, autant que possible, après chaque mesure. En cas de trop grande rapidité, on négligerait les accords de transition et même on confierait quelques accords principaux à sa mémoire, sauf à les écrire au premier silence, ou lorsqu'une mélodie facile vous en laisserait le temps.

Si l'on veut indiquer que les notes de l'harmonie au lieu d'être simultanées sont successives, on ajoutera un petit signe coupant perpendiculairement à la fin du dernier jambage de la dernière note de la mesure. (*Pl.* II.)

Lorsque l'harmonie est composée de notes dans une double marche, c'est-à-dire en marche successive et en marche simultanée, on les divisera et on les placera l'une au-dessus de l'autre. Le morceau qui se trouve à la fin de la deuxième planche présente quelques exemples de cette harmonie en double mouvement.

OBSERVATIONS GÉNÉRALES.

Comme nous l'avons dit dans notre chapitre préliminaire, l'adoption de la portée n'est pas indispensable. Pour s'en passer, il suffit de substituer les signes harmoniques aux signes absolus, qui ne se placent jamais qu'au commencement de chaque mesure ; le reste de la mesure serait d'ailleurs toujours écrit d'après le système des signes relatifs.

L'harmonie pourrait être notée de la même manière.

La valeur des notes étant déterminée dans la *sténographie musicale* par la proportion des signes, l'emploi de la portée a l'avantage, par ses lignes, de vous aider à conserver à chaque valeur la dimension convenue.

Ainsi, excepté le cas où l'on se trouverait momentanément dépourvu de papier rayé, cette modification ne nous paraît pas devoir être apportée à notre système, du moins en ce qui touche à l'écriture *mélodique*. L'harmonie étant toujours tracée en dehors de la portée, cette modification ne présente pas dans ce cas les mêmes inconvéniens ; nous ne voyons donc aucune raison pour en recommander ou en prescrire l'usage.

FIN

Exemples de la 1re Partie.
Seconde. Tierce. Quarte. Quinte. Unisson.
Tierce. Sixte. Septième. Dixi...
Ex. 1
Ex. 2
Ex. 3
Ex. 4
Ex. 5
Ex. 6

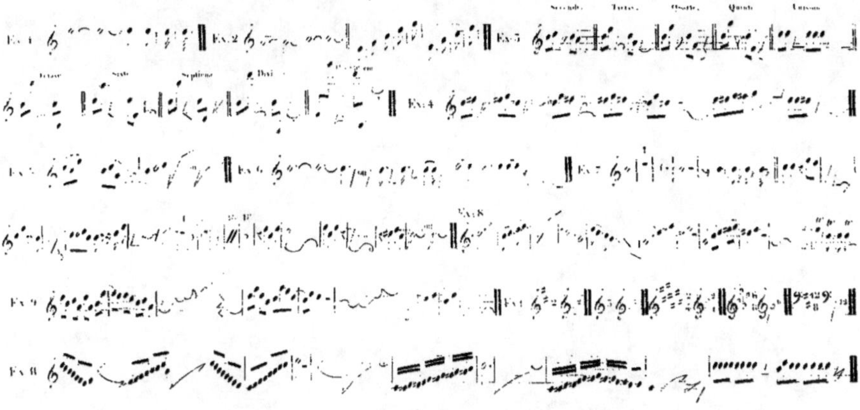

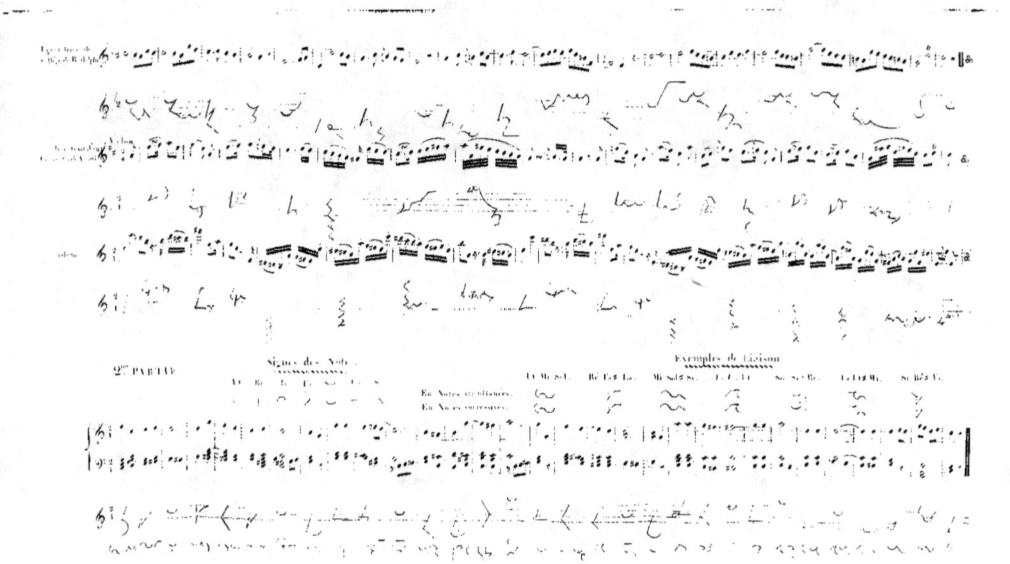

2me PARTIE   Signes des Notes   Exemples de Liaison

En Notes mobiliaires.
En Notes successives.